SCL

Reihe Philosophische Sphären

Philosophische Schriften

Richard Hörner

Karl Jaspers
und die Schuldfrage

Schuldfragen und fragwürdige Schuld

Reihe Philosophische Sphären

Philosophische Schriften

Bibliographische Information Der Deutschen Bibliothek

Die Deutsche Bibliothek verzeichnet diese Publikation in der

Deutschen Nationalbibliografie; Detaillierte bibliografische Daten sind

im Internet über http://dnd.ddb.de abrufbar

Verlag: SCL Scriptline Publishers, Bellheim

Weitere Informationen zum Verlag: http://www.scriptline.de

Satz: ScriptlineArts

Umschlag: ScriptlineArts

Druck und Herstellung: ScriptlinePress

Printed in Germany

Erste Auflage 2014

ISBN 978-3-938846-33-9

Wem geb ich meine Religion,
Den Glauben an Vater, Geist und Sohn?
Der Kaiser von China, der Rabbi von Posen,
Sie sollen beide darum losen.

(Heinrich Heine)

Inhaltsübersicht

1. Vorbemerkung

Die Auseinandersetzung mit dem Text „die Schuldfrage" von Karl Jaspers ist heutzutage deshalb interessant, weil man mit dem Abstand von fast sieben Jahrzehnten sowohl die Rolle der Deutschen als auch die Beschäftigung des Philosophen mit der Schuldfrage abgeklärter, vielleicht auch objektiver, in jedem Fall aber ohne Gefahr gesellschaftlicher Stigmatisierung betrachten und beurteilen kann. Ob letztlich die Deutschen als Kollektiv an vielen der Millionen von Menschen schuldig geworden sind, die im II. Weltkrieg sterben mussten. Oder ob es eine besondere Elite der Deutschen war. Oder ob große oder kleine Teile der Deutschen sich Menschheitsverbrechen ans Revers heften lassen müssen – die Deutschen haben sich zu *verantworten*, als Nation, als Kollektiv, als versagende Gesellschaft, als Bürger, die nicht in der Lage waren, sich wie auch immer zumindest dem asozialen und, menschenrechtlich betrachtet, verachtenswürdigen Verhalten der Machtcliquen entgegenzustellen. Die deutsche Bevölkerung jubelte, sobald man andere Völker unterdrückte, sie klatschte begeistert, wenn Siege und Unterjochung die Oberhand gegenüber Freiheit und Autonomie anderer Nationen gewannen. Dies alles ist möglich zu sagen, nach Jahrzehnten der Aufarbeitung, nach harten Kämpfen gegen eine bis in die 60er Jahre stark verkrustete, da reaktionäre Gesellschaft, die mit Kiesinger ein ehemaliges NSDAP-Mitglied als ihren Bundeskanzler akzeptierte und die Widerstandskämpfer wie Willy Brandt immer noch als Verräter verachtete. Zumindest Teile der bundesrepublikanischen Gesellschaft taten dies. Und auch heute gibt es alternde Zeitzeugen, die trotz Vertreibung und Flucht, trotz des Holocaust und der bemerkenswerten Vergebung der europäischen Nachbarvölker nach dem Krieg, die trotz erheblicher und nachgewiesener Kriegsverbrechen der Deutschen als eine Art Reminiszenz an eine total verkorkste, da indoktrinierte Kindheit während des Kochens fröhlich und unbedarft das Propagandalied „Bomben auf Engeland" singen.

Bereits zu Beginn der ersten Regierung unter dem Reichskanzler Hitler 1933 und dann während und nach dem II. Weltkrieg, der von 1939 bis 1945 angedauert hat und den Deutschland durch den Überfall auf Polen auslöste, wird der kritisch agierende Psychiater[1] und provokante Philosoph Karls Jaspers zu einer Art Gewissen Deutschlands[2]. Allerdings nur zu einem scheinbaren Gewissen, wie auch sein Text „die Schuldfrage" noch nahelegen wird, da er sich innerhalb

---

[1] Jaspers war einer der ersten klinischen Psychiater, die bemüht waren, Freuds Forschung einer kritischen Betrachtung zu unterziehen, siehe dazu: Saner, Hans. Jaspers. Rowohlt monographien. 32.-34. Tausend. Hamburg: Reinbek, 1984, S.138

[2] Saner, Hans…a.a.O., S.168; nachfolgend bedeutet die erste Zahl die Seiten-, die zweite die Zeilenangabe; anderes wird näher erläutert

einer Gesellschaft sah, die sich erst mit den eigenen Verbrechen, die
während des so genannten Dritten Reiches stattgefunden haben, und
der eigenen Verstrickung darin beschäftigen musste. Und die natürlich durch zahlreiche familiäre Kriegsverluste und Demütigungen
seitens der Sieger, wie Vergewaltigungen oder Enteignungen, in
vielen Fällen keinerlei Bedürfnis sah, gegenüber den Alliierten de-
mütig zu Kreuze zu kriechen und zu konstatieren: Ja, wir haben uns
in vielfältiger Weise schuldig gemacht.

Der 1883 in Oldenburg geborene Jaspers ist der breiten Öffentlichkeit als Gründer der deutschen „Existenzphilosophie" bekannt geworden[3], aber insbesondere seine politischen Äußerungen zur Ent-
wicklung der Bundesrepublik Deutschland sind im Gedächtnis der-
jenigen geblieben, die sich in den 50er und 60er Jahren mit Forde-
rungen wie denen nach *Verzicht auf die Deutsche Wiedervereinigung*
oder denen nach *Sühne für die Verbrechen der Nationalsozialisten* aus-
einandergesetzt haben. Doch bereits 1969 nach dem Tod des Philosophen schrieb der Herausgeber des „Spiegel", Rudolf Augstein, von
einem „nur geringen Echo" einer befreienden, da appellativen Geste
in Westdeutschland, sich mit den Verbrechen und der eigenen
Schuldhaftigkeit auseinanderzusetzen, Augstein sah nur „vielfälti-
ge[n] moralische[n] Appelle ins Weltbürgerlich-Unverbindliche"

---

[3] Saner, Hans…a.a.O., Zeittafel, S.165

abdriften und es schien nur wenig Resonanz zu geben bei dem Versuch, „die Deutschen auf ihre Verantwortung für die unter Hitler begangenen Verbrechen" hinzuweisen.[4]

Sich zuerst für Jura interessierend, fand der junge Mediziner Jaspers den Weg von der Psychologie zur Philosophie[5], und die ersten Gedanken zur Existenzphilosophie verfasste er 1919 mit der Schrift „Psychologie der Weltanschauungen", wobei seine Auffassung von Existenzphilosophie ihre weiteste Definition in dem Text "Geistige Situation der Zeit" fand, die 1931 erschien[6].

Der Psychiater, Philosoph und Publizist hatte Professuren inne für Psychologie und Philosophie in Heidelberg und Basel. Seine in über 30 Bänden erschienenen Schriften liegen in mehr als 600 Übersetzungen vor. Er starb 1969 in Basel.

---

[4] alle Zitate aus: Augstein, Rudolf. „Karls Jaspers ist tot", in: DER SPIEGEL 10/1969, S. 140.

[5] Saner, Hans…a.a.O., S.67ff

[6] Saner, Hans…a.a.O., S.96, Z.35ff

2. Die Schuldfrage

2.1 Einleitung und Situation der Bundesrepublik Deutschland im Jahre 1946

Der Essay „Die Schuldfrage", erstmals 1946 erschienen[7], beschäftigt sich mit den Auswirkungen der Verbrechen, die das Deutsche Reich unter der Führung Adolf Hitlers während des II. Weltkriegs begangen hat. Fragen nach Strafe und Vergeltung, Schuld und Haftung für Einzelpersonen aber auch für die Deutschen als Kollektiv wurden von den Alliierten und von neutralen Staaten gestellt[8]. Der Text erschien somit am Anfang der *Nürnberger Prozesse*, die zwischen dem 20. November 1945 und dem 14. April 1949 gegen Verantwortliche des Deutschen Reichs zur Zeit des Nationalsozialismus durchgeführt wurden – zuerst gegen die Hauptkriegsverbrecher vor einem Internationalen Militärgerichtshof, später vor einem US-Militärgericht. Die Prozesse sollten dafür sorgen, den Deutschen die Dimension der zahlreichen Schuld aufzuzeigen: Deutsche Politiker und Militärs

---

[7] Jaspers, Karl. Die Schuldfrage. Von der politischen Haftung Deutschlands. Serie Piper. Neuausgabe. München: Piper Verlag, ungekürzte Taschenbuchausgabe 1974, Neudruck Oktober 2012. (wird im Text folgendermaßen benannt: Schuldfrage)

[8] Schuldfrage, a.a.O., Umschlagstext

sowie führende Personen aus der Wirtschaft wurden für das Planen und Führen eines Angriffskrieges und für den Massenmord an Menschen in Vernichtungslagern strafrechtlich zur Verantwortung gezogen. Darüber hinaus Personen, die anderweitig Kriegsverbrechen begangen haben, Verbrechen gegen den Frieden oder Verbrechen gegen die Menschlichkeit, aber auch gegen Organisationen wie die SS wurde prozessiert. Angeklagt wurden etwas mehr als 200 Personen im Hauptkriegsverbrecherprozess und den zwölf Nachfolgeprozessen – von (mit den einverleibten Österreichern) etwa 80 Millionen Menschen laut Volkszählung von 1939.[9]

Jaspers bezeichnete die Überlegungen knapp eineinhalb Jahrzehnte später als Text, der der Selbstbesinnung dienen sollte, um sich mit dem Begriff Schuld näher auseinanderzusetzen. Aber auch als Kritik an den Alliierten, den Siegern, die ebenfalls eine Mitschuld getroffen hätte[10].

Der Philosoph war der Ansicht, dass den Deutschen nicht damit gedient sei, einem Schuldvorwurf ausgesetzt zu sein, der sich nur auf

---

[9] bspw. vgl. Wietog, Jutta: Volkszählungen unter dem Nationalsozialismus. Eine Dokumentation zur Bevölkerungsstatistik im Dritten Reich. Berlin 2001; Jaspers zählt die beim ersten Prozess gemachten Anschuldigungen auch auf, siehe unter: Schuldfrage, a.a.O., S.37, Z.1ff

[10] Schuldfrage, a.a.O., Umschlagstext

Vergangenes beziehe, im Gegenteil: der Schuldvorwurf müsse sich auch auf die Zukunft richten, also richtungsweisend sein, ergo eine Perspektive für ein sinnvolles Weiterleben beinhalten. Denn eine Schuld, die von außen an die Besiegten herangetragen würde, zeige keinerlei positiven Effekt. Da der Sinn eines Schuldvorwurfes darin bestehe, wie Jaspers anmerkte, dass der Betroffene auch seine Verfehlungen eingestehe, müsse dem Beschuldigten Raum gelassen werden, seine Schuld zu ergründen und nachfolgend einzugestehen, und das in eigener Verantwortung. Dies hat Jaspers wohlgemerkt geschrieben, als die vorbildliche Auseinandersetzung mit den Machenschaften des Dritten Reichs viele Jahrzehnte nach Ende des Krieges noch nicht erfolgte und eine solche auch nicht abzusehen war. Er sah die Beschäftigung mit der Schuldfrage vor dem Hintergrund einer überwältigenden Mehrheit an Deutschen, die dem Nationalsozialismus nahe standen und noch Jahre nach Ende des II. Weltkrieges Hitler gegenüber recht positiv eingestellt waren. Und die 1946 diejenigen, denen die Mehrheit frei und lustvoll zugejubelt hatte, nun auf der Anklagebank der Siegermächte sahen.

Nachfolgend wird Jaspers *differenzierte Betrachtung des Schuldbegriffs* aufgezeigt, seine Einteilung in eine *kriminelle Schuld*, eine *moralische Schuld*, in eine *metaphysische Schuld* und in eine *politische Schuld*. Danach wird ersichtlich, welche Position der Philosoph bezüglich der Schuld der Deutschen hatte, er beschäftigte sich also mit *Kollektiv-*

schuldzuweisungen, der *Schuld des Einzelnen* und die Mitschuld eines Deutschen, durch seine *Staatsangehörigkeit* bedingt, sowie der *Haftung,* die möglicherweise eintritt. Gegen Ende sehen wir Jaspers *Entschuldigungsversuche,* also Versuche, die festgestellte Schuld der Deutschen dadurch näher zu fassen, dass man Gründe wie *Terrorismus,* einen *historischen Zusammenhang,* die *Schuld anderer* und *aller* heranzieht, um Erklärungsmuster zu finden, welche *Faktoren die deutsche Schuld beeinflusst* haben.

Gegen Ende seiner Überlegungen formulierte Jaspers *Vorschläge einer Neuorientierung,* wenn er *Schuld als Entgrenzungsprozess* anerkennt, eine *Selbstverwandlung* einfordert, eine *geschichtliche Rückbesinnung* sowie eine Art *Katharsis* und *Selbstverwirklichung in Freiheit.*

2.2 Der Schuldbegriff

Verschiedene Arten der Schuld

Die Relevanz einer differenzierten Erörterung des Schuldbegriffs ergebe sich, so Jaspers, aus der Voraussetzung, dass eine Aufarbeitung der Schuldfrage für die Deutschen als Ausgangsbedingung für die Neubestimmung des eigenen „Seins- und Selbstbewusstsein[s]"

notwendig sei, die die Deutschen „zu der Erneuerung aus dem Ur-
sprung unseres Wesens"[11] bringe: Denn die „Erörterungen der
Schuldfrage leide[ten] an der Vermischung von Begriffen und Ge-
sichtspunkten"[12]. Er meinte, dass es der Unterscheidungen bedürfe,
„um wahr zu werden"[13]. Eine erfolgversprechende Erörterung der
Schuldfrage könne ohne eine solide und begrifflich differenzierte
Grundlage kaum aussichtsreich sein[14].

Jaspers kam bei seinen Betrachtungen über den Schuldbegriff zu dem
Schluß, dass es vier verschiedene Schuldbegriffe gebe, und zwar die
kriminelle Schuld, die *politische Schuld*, die *moralische Schuld* sowie die
metaphysische Schuld[15]. Diese vier Schuldbegriffe, so Jaspers, ließen
sich anhand von jeweils fünf Paradigmen voneinander abgrenzen:
Von *der Grundlage, dem Kriterium, der Instanz, der Folge* sowie *der Art
der Zuweisung*[16].

---

[11] Schuldfrage, a.a.O., S.17, Z.13ff, zuvor: Z.9ff

[12] Schuldfrage, a.a.O., S.17, Z.20f

[13] Schuldfrage, a.a.O., S.17, Z.21

[14] vgl. Schuldfrage, a.a.O., S.17, Z.20ff

[15] vgl. Schuldfrage, a.a.O., S.19, Zeilen 2, 4, 9, 20 und S.20, Z.3

[16] diese Paradigmen werden bis auf die Instanz nicht explizit erwähnt, erge-
ben sich nur aus dem Geschriebenen auf den S.19ff

Die Grundlage, die als die Ausgangshypothese für die Definition der jeweiligen Art der Schuld angenommen wird, kann in Relation oder in Kontrast zur Schuld festgestellt werden. Sie ist als Gegebenheit zu betrachten, und zwar in dem Zusammenhang, als sie für das Verständnis des jeweiligen Schuldbegriffs als gültig hingenommen werden kann.

Das Kriterium ist das Paradigma, durch welches das jeweils spezifische Vorhandensein einer Schuld festgestellt wird.

Die Instanz ist das Muster, welches herangezogen wird bei der Entscheidung, ob das Paradigma des Kriteriums in Bezug auf das der Grundlage erfüllt ist.

Das Paradigma *der Folge* beschäftigt sich mit den Auswirkungen für den Betroffenen, wenn seitens der Instanz eine Schuld festgestellt worden ist.

Nach welchen Modalitäten bei jeder der vier Arten der Schuld die Schuldfindung und die Schuldigsprechung durchgeführt werden, wird durch das Paradigma *der Art der Zuweisung* bestimmt.

Nachfolgend werden die vier von Jaspers postulierten Arten der Schuld - die politische Schuld, die kriminelle Schuld, die moralische

Schuld, die metaphysische Schuld – vorgestellt und erläutert, und zwar in der von ihm selbst gewählten Reihenfolge[17]:

Kriminelle Schuld

Die kriminelle Schuld werde durch eine Instanz eines Gerichts festgestellt'[18], und zwar auf Grundlage von „eindeutige[n] Gesetzen"[19]. Kriterium hierbei sei der Tatbestand eines Verbrechens[20], wobei dieser Tatbestand ein objektiv nachweisbarer Verstoß gegen besagte eindeutige Gesetze darstelle. Die Folge krimineller Schuld stellt sich folgendermaßen dar: Es werde vom Gericht eine Strafe ermittelt, das Maß dieser Strafe sei unabhängig davon, ob der Beschuldigte sie als gerechtfertigt erachte oder nicht[21].

Die Art der Zuweisung erfolge durch eine althergebrachte Instanz, und diese auf der Grundlage althergebrachter Gesetze. Menschen würden also von Menschen in Einklang mit eindeutigen, von der Gemeinschaft vereinbarten Gesetzen gerichtet.

---

[17] Schuldfrage, a.a.O., S.19, Z.1ff

[18] Schuldfrage, a.a.O., S.19, Z.6f

[19] Schuldfrage, a.a.O., S.19, Z.5

[20] Schuldfrage, a.a.O., S.19, Z.4

[21] Schuldfrage, a.a.O., S.23, Z.14f

Die Instanz beruhe ebenfalls auf einer solchen Vereinbarung.[22]

Problematisch – um es gleich anzumerken – erscheinen hier mehrere Punkte, die Jaspers bewusst sein mussten: Er wusste genau, dass es die Alliierten, letztendlich also die Siegermächte, waren, die bereits 1943 in ihrer „Moskauer Erklärung über deutsche Gräueltaten im besetzten Europa" die Forderung erhoben haben, die deutschen Kriegsverbrechen vor Gerichten zu bestrafen: Deutsche Verbrechen in besetzten Ländern nach den dort geltenden Gesetzen, die Hauptverbrecher, deren Verbrechen keinem bestimmten Land zugeordnet werden konnten, vor einem zu schaffenden Gericht, dem dann gegründeten Internationalen Militärgericht. Wenn Jaspers betonte, dass eine althergebrachte Instanz benötigt würde und eindeutige Gesetze – dann deutete er hier bereits an, dass er ein neu gegründetes Militärgericht der Sieger natürlich ablehnend gegenübersteht, auch wenn die Forderung Jaspers abstrakt formuliert wurde. Auch sind althergebrachte Gesetze problematisch: Es gab weder die *United Nations (UN)* in ihrer heutigen, akzeptierten Form (gegründet wurde sie ja erst im Jahr zuvor, also 1945), noch die „Allgemeine Erklärung der Menschenrechte" (diese wurden 1948 genehmigt und verkündet), also noch nicht das Bewusstsein darüber, dass es einen verbind-

---

[22] zu den Ausführungen siehe: Schuldfrage, a.a.O., S. 24ff, aber auch bereits unter S.19, Z.18f („Anerkennung von Normen") angedeutet

lich erscheinenden Kanon an Menschenrechten gibt, gegen den Personen oder Organisationen Unrecht verüben können.

Natürlich lassen sich diese Menschenrechte bereits über die Jahrhunderte hinweg herleiten und daraus Gesetzmäßigkeiten bilden, gegen die man verstoßen kann im Sinne von Verbrechen gegen diese menschenrechtlichen Ausprägungen. Indem Jaspers aber althergebrachte und zudem noch vereinbarte Gesetze für die kriminelle Schuld einfordert, konnte er genau wissen, dass etliche Anklagepunkte dadurch mehr als fragwürdig und eher unpräzise erscheinen mussten.

Dass ihm vor allem diese vermeintliche Siegerjustiz und die Aufstellung eines Internationalen Militärgerichts durch die Alliierten missfielen, lässt sich ebenfalls an der Vorstellung der *Politischen Schuld* erkennen, die er folgendermaßen umschreibt:

Politische Schuld

Grundsätzlich könne man sagen, dass es „jedes Menschen Mitverantwortung [sei], wie er regiert"[23] werde. Schuld ergebe sich deshalb für den Bürger eines Staates dann, wenn dieser Staat Unrecht began-

---

[23] Schuldfrage, a.a.O., S.19, Z.13f, auch vgl. S.40, Z.24ff

gen habe[24]. Fraglich sei die Instanz, welche die Schuld feststelle: In einem Krieg werde dies wohl immer der Sieger sein, die Frage nach der Zuweisung der Schuld liege also in der „Gewalt und de[m] Wille[n] des Siegers"[25]. Man könne deshalb sagen, dass die Zuweisung einer Schuld sehr relativ sei, da der Erfolg darüber entscheide[26]. Doch sei sie auch legitim, solange der Sieger bei der Zuweisung der Schuld „politische[r] Klugheit"[27] walten lasse. Auch sollten Willkür und Gewalt weitestgehend ausgeschlossen werden, seine als Sieger gegebene Macht also selbst begrenzt werden[28].

Was wollte Jaspers aber damit wirklich sagen? Natürlich missfällt ihm eine Siegerjustiz, er verband die „Schuld" des Angeklagten - übrigens unabhängig von der tatsächlichen Anklage – mit dem Erfolg des Siegers über den Angeklagten. Und da er genau weiß, welcher Verbrechen sich die Deutschen schuldig gemacht hatten und da diese Verbrechen nicht nur abfällig als Siegerjustiz abgekanzelt werden konnten, ging er noch weiter: Irgendwie sei die Zuweisung der Schuld *dann doch* auch als Siegerjustiz legitim, wenn politisch klug,

---

[24] vgl. Schuldfrage, a.a.O., S.45ff, Z.318ff

[25] Schuldfrage, a.a.O., S.19, Z.14f

[26] Schuldfrage, a.a.O., S.19, Z.15f

[27] Schuldfrage, a.a.O., S.19, Z.17

[28] vgl. Schuldfrage, a.a.O., S.16, Z.15ff

in seinen Augen: bedacht, also nicht willkürlich und am besten gewaltlos abgeurteilt würde. Als Schuldspruch ohne handfeste Folgen
etwa?

Was ist die Folge einer solchen *Jasperschen politischen Schuld*?
Jaspers meinte, dass die Folge die Haftung wäre[29] (die als Folge wiederum „Wiedergutmachung und weiter Verlust oder Einschränkung
politischer Macht und politischer Rechte"[30] habe) in einem ganzen
Spektrum an Möglichkeiten, so sichtbar in „Vernichtung, Deportati-
on, Ausrottung"[31] oder auch in einer Installierung einer neuen „Form
des Rechtes"[32].

Die Art der Zuweisung erfolge also durch einen Sieger, dessen Ent-
scheidungskriterien, nach denen er die Gesamtheit der Angehörigen
eines anderen Staates verurteile und in Haftung nehme, seien das
Wissen, Gewissen und politisches Gutdünken[33].

Wie die Haftungsmaßnahmen definiert und verhängt würden, liege
in der Hand des Siegers - hier ist er ganz autonom. Sein Wille und

---

[29] vgl. Schuldfrage, a.a.O., S.23, Z.16ff
[30] Schuldfrage, a.a.O., S.23, Z.27f
[31] Schuldfrage, a.a.O., S.23, Z.21
[32] vgl. Schuldfrage, a.a.O., S.23, Z.16ff
[33] ergibt sich aus dem Text, vgl. Schuldfrage, a.a.O., S.23ff

eigenes moralisches Dafürhalten bestimmten die Folge der von ihm festgestellten Schuld[34]. Der Sieger solle also moralisch, politisch klug, ohne Willkür und gewaltlos entscheiden – dies natürlich dann ganz, wie er will. Klingt widersprüchlich. Oder doch nur erwartungsvoll?

Moralische Schuld

Die Grundlage der moralischen Schuld habe eher relativen Charakter, da sie zutiefst individuell sei, da der einzige Maßstab zur Feststellung der moralischen Schuld individuelle moralische Normen darstellten. Es spiele also keine Rolle, ob dem eigenen Ich von einem Gegenüber eine Handlung befohlen werde, sondern das Kriterium für die Existenz einer moralischen Schuld sei die in einem Individuum erkannte Verfehlung (und nur der in ihr erkannte) Bezug auf dessen moralisches Empfinden und Wollen: Eine moralische Schuld ergebe sich ausschließlich aus der Tatsache, dass das Individuum für sich eine Verfehlung feststelle[35]. Die einzige Instanz, die sich bei der moralischen Schuld ergebe, sei „das eigene Gewissen und die Kom-

---

[34] vgl. Schuldfrage, a.a.O., S.23ff, Z.8ff

[35] vgl. Schuldfrage, a.a.O., S.18, 20ff

munikation mit dem Freunde und dem Nächsten, dem liebenden, an meiner Seele interessierten Mitmenschen"[36].

Durch diese Betrachtungsweise verweist Jaspers die moralische Schuld ins Reich des Sinnlosen: Wer moralische Schuld seitenlang als wichtig, aber auch als relativ, als individuell ansieht, wer eigene Ethik als Maßstab heranzieht, wer moralische Schuld als persönlichen Aspekt abtut – der vergisst eine allgemeingültige Ethik, eine übergeordnete Moral, der erkennt letztlich kein natürliches oder göttlich inspiriertes Gefüge, vor dem man sich zu verantworten hat. Im Ergebnis formuliert er zwar theoretisch eine „moralische Schuld", die er aber danach sinngemäß eliminiert. Hier helfen auch Anmerkungen zu den gütigen, den liebenden, den an der Seele der Täter interessierten Freunde nichts.

Eine Folge der letztlich durch Jaspers Konstrukt eliminierten und nicht existenten moralischen Schuld ist bedeutungslos: Jaspers sah diese moralische Schuld demnach so, dass sie sich nur in dem Individuum, welches in sich eine moralische Schuld erkenne, abspiele. Dieser moralischen Schuld erwachse „Einsicht, damit Buße und Erneuerung"[37] gezeigt würden. Die Art der Zuweisung sehe also so aus, dass das Individuum mit sich selbst ins Gericht gehe und per-

---

[36] Schuldfrage, a.a.O., S.19f, Z.28ff
[37] Schuldfrage, a.a.O., S.23, Z.24f

sönliche Konsequenzen ziehe, es sich um einen inneren Prozess handle[38]. Die Zuweisung könne demnach durch keinen anderen geschehen als durch den Betreffenden selbst.

Wer sich auf Basis eigener Ethik für schuldlos hält, so die Schlussfolgerung, die Jaspers durch seine moralische Schuld mitdenken musste und sicherlich mitgedacht hat, muss nichts befürchten: Der mache sich nicht moralisch schuldig. Auch wenn er als Folge besagten „inneren Prozesses" natürlich „reale Folgen in der Welt"[39] konstatiert.

Metaphysische Schuld

Jaspers meinte, dass es eine Art „Solidarität zwischen Menschen als Menschen"[40] gebe, die „einen jeden mitverantwortlich [...] [mache, und zwar] für alles Unrecht und alle Ungerechtigkeiten in der Welt"[41]. Wenn man nicht mache, was in der eigenen Macht stehe, um Ungerechtigkeiten zu verhindern, so sei man mitschuldig[42].

---

[38] vgl. Schuldfrage, a.a.O., S.23, Z.25

[39] Schuldfrage, a.a.O., S.23, Z.25f

[40] Schuldfrage, a.a.O., S.20, Z.3f

[41] Schuldfrage, a.a.O., S.20, Z.4f

[42] vgl. Schuldfrage, a.a.O., S.20, Z.8

Diese Schulddifferenzierung scheint nach Ansicht Jaspers am schwersten zu begreifen, da die metaphysische Schuld einen universalen Charakter besitze und jeden einzelnen Menschen betreffe als Menschen unter Menschen – wobei sich dies dem heutigen Betrachter nicht ganz erschließt, weil menschenrechtliche Überlegungen spätestens seit Ende des 18. Jahrhunderts dazu führen sollten, eine Maßregelung oder Ächtung sowie ein Eintreten gegen unmenschliche Verbrechen als gesellschaftliche und staatsrechtliche Selbstverständlichkeit zu erachten. Den Völkerbund nach Ende des I. Weltkrieges mal außer Acht gelassen, der in den 20er Jahren des 20. Jahrhunderts und Jahrzehnte vor Jaspers Ausführungen beispielsweise mit dem Genfer Protokoll (1928 in Kraft getreten) bereits 1925 chemische und biologische Waffen ächtete. Deutschland trat diesem Vertrag 1929 bei, was Jaspers wissen konnte. So kann man sich als Mensch sehr wohl gegen andere Menschen, die Unrecht tun, stellen, sich von deren Taten distanzieren und absetzen, wie es beispielsweise die Alliierten getan haben. Nach Jaspers Argumentation könnte sich dann jeder Mensch auch alles Gute anderer Menschen zugutehalten, womit man ein heilloses Durcheinander aus Gut und Böse von allen und jedem hat und damit auch – nichts.

Die Grundlage für diese metaphysische Schuld stellt nach Jaspers also die Unmöglichkeit des einzelnen Menschen dar, sich aus seiner Gattungszugehörigkeit lossagen zu können – diese Entscheidung gehöre, so der Philosoph, in den Bereich des Religiösen, also einer übergeordneten Macht wie der eines Gottes.[43] Das Kriterium zur Feststellung einer metaphysischen Schuld an allem Unrecht zwischen Mitgliedern der Gattung Mensch sei die Gattungszugehörigkeit zu dieser Gattung Mensch, die grundsätzlich schuldfähig sei.

Es gebe, so könnte man bei der metaphysischen Schuld zusammenfassen, also eine existentielle Solidarität zwischen den Menschen, und der Mensch sei kein Einzelwesen, welches gegenüber den anderen Gattungsangehörigen isoliert zu betrachten sei. Der Mensch sei ein Mensch unter Menschen.

Die zuweisende Instanz sei die übergeordnete, allgemeine Instanz Gott, die die Gattung Mensch mit all ihren Wesenheiten gewollt und geschaffen habe. Metaphysische Schuld und die allgemeine Mitverantwortung für alles, was von anderen Gattungsmitgliedern geschaffen werde, sei eine der Grunderfahrungen menschlichen Daseins. Die Substanz ihres Wesens mache aus, dass zwischen Menschen „das Unbedingte […] [gelte], nur gemeinsam oder gar nicht leben zu können, falls dem einen oder anderen Verbrechen angetan

---

[43] vgl. Schuldfrage, a.a.O., S.20, Z.26

[...] [würden, aber auch] falls es sich um die Teilung physischer Lebensbedingungen"[44] handele.

Was aber macht den speziellen Charakter metaphysischer Schuld aus? Er wird durch die Art der Zuweisung deutlich, da diese Zuweisung nicht mehr durch den einzelnen Menschen selber oder durch andere Gattungsmitglieder erfolge, sondern bereits durch die Existenz des Menschen ganz eindeutig zugewiesen sei. Da der Mensch an sich von seinem Wesen her schuldig sei, sei er schuldfähig auch für alle anderen Arten von spezifischer Schuld. Die Schuld ergebe sich aber vor allem daraus, dass der Mensch dieser Solidarität gerade bei Verbrechen nur in engsten „menschlichen Verbindungen"[45] gerecht würde, nicht einmal unter „Staatsbürger[n], nicht einmal [unter] kleinere[n] Gruppen"[46].

Die Folge, die daraus resultiert, liegt also in der Erkenntnis und Akzeptanz dieser Schuld, die kulminiert in der „Verwandlung des menschlichen Selbstbewusstseins vor Gott"[47] und einer Wandlung des menschlichen Übermuts hin zu einer „Demut, die sich vor Gott bescheidet"[48].

---

[44] Schuldfrage, a.a.O., S.20, Z.18ff

[45] Schuldfrage, a.a.O., S.20, Z.24f

[46] Schuldfrage,. a.a.O., S.20, Z.23f

[47] Schuldfrage, a.a.O., S.23, Z.27f

[48] Schuldfrage, a.a.O., S.23, Z.31f

Was Jaspers hier vollführt, ist ein gedanklicher Kniff, der aber ebenso wie die moralische Schuld ein sinnloser ist: Der durch seine Existenz schuldige Mensch ist eigentlich immer schuldfähig, aber da wir ja alle in einem Boot sitzen und daher füreinander existentiell solidarisch sind, sind wir alles Sünder und irgendwie immer schuldig. Die Schuld liegt aber nicht im einzelnen Verbrechen begründet, welches ich vielleicht von einem anderen durch mein Menschsein auf mich nehmen würde, sondern darin, dass ich dieser „existentiell vorhandenen" Solidarität nur im engsten Kreis gerecht werde. Da fällt, so könnte man gedanklich weiterspinnen, die ein oder andere metaphysisch gedachte Schuld ja auch nicht mehr ins Gewicht ob der Absurdität einer solchen grundsätzlichen existentiellen Schuldfähigkeit des Menschen durch sein Menschsein. Je absurder das eine klingt, desto absurder erscheint die metaphysische Schuldvariante, die man dadurch *ad acta* legt. Und ja: Jaspers als kluger Mann, der jedes Argument für oder gegen seine Thesen kennt, vermerkt natürlich auch an diesem Punkt: Es sei ein „spleenige[r] Gedanke"[49], eine metaphysische Schuld „in einer Verwandlung"[50] wahrzunehmen.

---

[49] Schuldfrage, a.a.O., S.56, Z28

[50] Schuldfrage, a.a.O., S.56, Z.27f

Zusammenfassung und Abgrenzung

Jaspers beschrieb einige bedenkliche gedankliche Schuldvorstellungen. Jaspers hätte scheinbar gerne folgende Interpretationen: Bezüglich *der Grundlage* unterscheiden sich die vier Schuldbegriffe darin, dass die kriminelle Schuld durch eindeutige Gesetze belegt wird, die politische durch die Mitverantwortung des einzelnen durch die Regierung des Staates, unter dem er Bürger ist, die moralische Schuld wird festgesetzt durch individuelle moralische Normen und die metaphysische durch die Solidarität zwischen den Menschen.

Hinsichtlich des *Kriterien-Katalogs* liegen die Unterschiede darin, dass bei der kriminellen Schuld das Kriterium für die Festlegung der Schuld der Verstoß gegen die eindeutigen Gesetze darstellt, das Kriterium bei der politischen Schuld ist, dass die Regierung des Staates, unter dem man Bürger ist, Unrecht begeht. Bei der moralischen Schuld ist das Kriterium die moralische Verfehlung und bei der metaphysischen die Zugehörigkeit zur Gattung Mensch.

Die *Instanzen* sind bei der kriminellen Schuld das Gericht, bei der politischen die Gewalt und der Wille des Siegers, bei der moralischen Schuld das eigene Gewissen und bei der metaphysischen Schuld Gott.

Die Folge, die sich aus der durch die Instanz festgestellten Schuld ergibt, ist bei der kriminellen Schuld die Strafe, bei der politischen die Haftung, bei der moralischen die Einsicht, Buße und Erneuerung und bei der metaphysischen die Verwandlung des menschlichen Selbstbewusstseins vor Gott.

Die *Art der Zuweisung* liegt bei der kriminellen Schuld darin, dass konventionelle Gerichte gemäß konventioneller Gesetze auf den Beschuldigten diese Strafen auferlegen, die Art der Zuweisung bei der politischen Schuld wird vom Sieger nach eigenem Willen und politischem Gutdünken auf den Besiegten gelegt, die Art der Zuweisung bei der moralischen Schuld wird durch sich selbst und auf sich selbst durchgeführt und bei der metaphysischen Schuld liegt die passivische Art der Zuweisung vor: Der Mensch werde nicht schuldig gesprochen, der Mensch sei schuldig.

Eine Besonderheit im Denken Jaspers liegt gerade in der Einheit seines Denkens, die zwar Abgrenzungen durchführt, aber doch davon ausgeht, dass eine übergeordnete Einheit im Ganzen liegt[51]. Auch bei der Differenzierung des Schuldbegriffs wird dies deutlich, wenn er betont, dass „[a]lle solche Unterscheidungen [...] daher zum Irrtum [würden], wenn nicht bewusst [bliebe] [...], wie sehr das Un-

---

[51] Schuldfrage, a.a.O., S.16ff, 26ff, vor allem: S.17, Z.25f

terschiedene auch"[52] zusammenhänge. Jeder Schuldbegriff zeige „Wirklichkeiten, welche Folgen für die Sphären der anderen Schuldbegriffe"[53] hätten.

Klingt ansprechend und in sich griffig. Im eigentlichen Sinne machte Jaspers mit den Kriegsverbrechen und der Frage der Schuld der Deutschen als Einzelne und als Kollektiv aber folgendes: Er stellte in dem Text Bedingungen für eine kriminelle Schuld, bei denen von vornherein klar war, dass er eine reine Siegerjustiz am Werk sah und die Schuld von dieser aufoktroyiert werden wird, diese für die Deutschen im Ergebnis also nicht wirklich besteht. Die politische Schuld wischte er weg, in dem er nicht eine Schuld, eher eine unangenehme Verantwortung der Regierten postulierte, der man – da im wirklichen Sinne keine Schuld bestand – doch bitte mit Klugheit, bedacht und gewaltlos begegnen solle. Die moralische Schuld verwies er gleich ganz ins Reich des Sinnlosen, hier sollte man sich bitte nicht einmischen und jeder selbst seine eigene Schuld beurteilen. Und die metaphysische Schuld sei ja sowieso ein im Menschsein irgendwie verwurzeltes ontologisches Element – na schön, wir sind alle schuldig und solidarisch, also nicken wir unser Schuldigsein metaphysisch ab. Dass durch eine solche Konstruktion die metaphysische Schuld

---

[52] Schuldfrage, a.a.O., S.21, Z.15f

[53] Schuldfrage, a.a.O., S.21, Z.17f

ebenfalls religiös erscheint, nicht von dieser Welt, irgendwie irgend-
wo im Weg-Sein, kam Jaspers gerade recht. Er endete in *Sphären*
und *Wirklichkeiten für Schuldbegriffe*.

Gleich bei der abstrakten Beschreibung soll hier auf die konkrete
Ausgangslage im Jahr 1946 eingegangen werden um deutlich zu
machen, welche wirklichen Voraussetzungen Jaspers durch die
Schuldbegriffe und -vorstellungen schaffte, die er dann konkret an
den Deutschen abarbeiten wollte. Dazu im nächsten Kapitel mehr.

3. Jaspers Ansichten über die Schuld der Deutschen

3.1 Die Ausgangslage und Kollektivschuldzuweisungen

In einer Reaktion auf den Aufsatz der norwegischen Literaturnobel-preisträgerin Sigrid Undset[54], in dem sie sich über die Möglichkeiten der Umerziehung der Deutschen schwarzseherisch äußerte, betonte Jaspers, dass „[d]as größte Hindernis auf dem Weg der Umerziehung Deutschlands [...] nicht die deutsche Gedankenwelt [sei], sondern die Taten [...]' die infolge des deutschen Denkens begangen worden"[55] seien.

Im Gegensatz zu Undset war Jaspers der Ansicht, dass ein Denken und ein Urteilen in Kollektiven eine „Verwechslung der gattungsmä-ßigen mit der typologischen Auffassung" in sich bergen könnte[56]. Und diese Gefahr der Verwechslung nun sei in der Nähe der Denk-form anzusiedeln, „die von Nationalsozialisten in der bösesten Weise

---

[54] Undset schrieb einen Artikel über "Die Umerziehung der Deutschen" in der "Neue Zeitung" am 25. Oktober 1945

[55] Zitat nach Glaser, Kulturgeschichte, S.43

[56] Jaspers Antwort, S.154

angewendet und durch ihre Propaganda den Köpfen eingehäm-
mert"[57] worden sei.

Er bezeichnete das Denken in Kollektiven mit der typischen Verwechslung der gattungsmäßigen mit der typologischen Auffassung
als eine Denkform, „die sich durch die Jahrhunderte [...] [ziehe] als
ein Mittel des Hasses der Völker und Menschengruppen untereinander"[58].

Jaspers Schlussfolgerung aus diesen Überlegungen war, dass ein
Denken in Kollektiven für ihn nicht akzeptabel sei. Nach seiner Ansicht über die Beschaffenheit der Seinsordnung gebe es nur ein ein-
ziges wahres Kollektiv, und zwar „die Zusammengehörigkeit aller
Menschen vor Gott"[59]. Eine kollektivistische Sichtweise außer der
über den Menschen an sich sei unangebracht, folglich eine „Rohheit
des Denkens"[60]. Auch sei sie gefährlich.

Hier präsentierte Jaspers also ähnliche Konstruktionen wie bei der
metaphysischen Schuld und der gattungsmäßigen Zugehörigkeit der

---

[57] Jaspers Antwort, a.a.O., S.154
[58] Jaspers Antwort, a.a.O., S.154
[59] Schuldfrage, a.a.O., S.57, Z.11f
[60] Schuldfrage, a.a.O., S.57, Z.8

Menschen untereinander. Die Aburteilung der Möglichkeit, Kollektive auch anzuprangern aufgrund einer angenommenen Unmöglichkeit solcher Kollektive erscheint doch höchst problematisch, da dadurch Ansatzpunkte, einzelnen menschlichen Gruppen oder ganzen Völkern böse Absichten zu unterstellen, für ihn gar nicht gegolten haben und irgendwie ins Reich der Existenz-Luftblasen verwiesen wurden. Eine für die Frage nach der Schuld der Deutschen angemessene Vorgehensweise?

3.2 Kriminelle Schuld und Einzelschuld

Eine Kollektivschuldzuweisung, wie sie die Norwegerin Undset vorgenommen hat, wurde von Jaspers also verworfen[61]. Zwar sah er ein, dass „Millionen als Glieder der Armee die Macht verwirklicht [hätten], unter der jene Gräueltaten durch eine begrenzte Zahl verbrecherischer Menschen begangen" worden seien, doch sah er, dass der „überwiegende[n] Mehrheit" dieser kollektive Schuldvorwurf nicht zugemutet werden dürfe[62].

---

[61] vgl. Jaspers Antwort, S.155
[62] Jaspers Antwort, a.a.O., S.155

Er schloss seine Überlegungen mit der Erkenntnis, dass man als Verbrecher in einem kriminellen Sinne nur diejenigen bezeichnen könne, die entweder unmittelbar an bestimmten Gräueltaten beteiligte gewesen seien oder diese beauftragt hätten, nicht jedoch eben die überwiegende Mehrheit. Verbrecher sollten aus der Masse der Deutschen herausgehoben und als Einzelpersonen zur Rechenschaft gezogen werden.

Man müsse in jedem Falle versuchen, die begangenen Verbrechen im Namen der nationalsozialistischen Politik durch definierte Rechtsordnungen zu fassen, vor allem auch deshalb, um nicht den Fehler zu begehen, diesen Verbrechen „einen Zug von 'Größe' – „satanischer Größe"[63] – zu verleihen: Jeder „Ansatz von Mythos und Legende mit Schrecken" sowie jedes Unbestimmte sei bereits „ein solcher Ansatz"[64], obgleich er eine neue Dimension in den vom Dritten Reich verübten Verbrechen erkannte, einen „Verwaltungsmassenmord" erblickte, ein „neues Verbrechen ohne Vorbild in der Geschichte", einen Typus „Verbrecherstaat"[65].

---

[63] Jaspers an Hanna Arendt, 19. Oktober 1946, Zitat nach: Arendt/Jaspers, Briefwechsel, S.99

[64] Jaspers an Hanna Arendt…a.a.O., S.99

[65] alles: siehe Jaspers/Augstein, Spiegel-Gespräch, S.27

3.3 Nürnberger Prozess

Bezüglich der Wandlung der Deutschen sah Jaspers in dem Nürnberger Prozess eine wesentliche Bedeutung[66] und beschreibt – Stück für Stück – die Anklagepunkte des Prozesses, dann die Vorwürfe gegen diesen Prozess und seine Ansichten dazu.[67] Aufgrund des Datums der Schrift handelt es sich um den wichtigsten ersten Prozess vor dem Internationalen Militärgerichtshof.

Jaspers lehnte den wichtigsten Vorwurf gegen die Prozesse ab: Dieser lautete, „[j]uristisch"[68] betrachtet, dass kein legitimer Prozess stattfinde, da man „mit rückwirkender Kraft nach Gesetzen"[69] urteile, die zum Tatzeitpunkt auf deutschem Boden nicht Bestand gehabt hätten: Es gebe aber doch eine Existenz menschen- und naturrechtlicher Normen, die für alle Menschen Bestand haben würden, ungeachtet der Rechtsordnung eines bestimmten Staatenwesens, an de-

---

[66] an zahlreichen Stellen angedeutet, bspw. vgl. Schuldfrage, S.43, Z.20ff oder S.44, Z3ff

[67] Schuldfrage, a.a.O., S.36ff

[68] Schuldfrage, a.a.O., S.40, Z.29

[69] Schuldfrage, a.a.O., S.40, Z.35f

nen Verbrechen bestimmbar sind"[70]: Völkerrecht breche Landes-
recht[71].

Man solle auch bedenken, dass man sich nicht selbst als Deutsche
von diesem Regime befreit habe, sondern von den Alliierten befreit
worden sei[72].

In dem Prozess tauche folgende Besonderheit auf: In diesem würden
die eigenen Staatenführer behandelt, wodurch sich der Staatsbürger
mit behandelt fühle[73].

Insofern stelle er eine Sonderform der Findung nach krimineller
Schuld dar. Auch sei das Besiegte Deutschland zum Zeitpunkt der
Prozesse nicht mehr autonom und der eigenen Rechtsordnung un-
terstellt. Die Instanz der Sieger und die durch sie ausgeübte Rechtsordnung sei daher für die Deutschen nicht als problematisch zu erachten: Der Prozess sei ein Versuch, „Ordnung in der Welt zu för-
dern"[74], und verliere seine Gültigkeit auch dann nicht, wenn er kein
Gerichtsprozess ist, der in einer geschlossen Staatsordnung stattfin-

---

[70] Schuldfrage, a.a.O., S.41, Z.4ff

[71] vgl. Jaspers, Gespräch mit Rudolf Augstein, S.41

[72] vgl. Schuldfrage, a.a.O., S.40, Z.9ff

[73] vgl. Schuldfrage, a.a.O., S.38, Z.1ff

[74] Schuldfrage, a.a.O., S.42, Z.19

de[75]. Der Prozess sei eine Chance, den Krieg im Allgemeinen am Beispiel eines bestimmten Krieges und der damit zusammenhängenden Verbrechen gegen die Menschlichkeit zum Verbrechen zu erklären[76].

Der Prozess stellte für Jaspers eine gute Möglichkeit für die Deutschen dar, die Aufarbeitung der Schuld des Nazi-Regimes durchzuführen. Für die anderen Länder eine Chance, in eine differenzierte Auseinandersetzung mit der deutschen Schuld einzutreten: Die Durchführung des Prozesses zeige der Weltöffentlichkeit, „wer außer Hitler, Goebbels, Himmler und anderen [...] die Hauptschuldigen"[77] gewesen seien. Dies sei übrigens auch der „beste Beweis dafür, dass die Alliierten in Nürnberg nicht von einer Kollektivschuld des deutschen Volks"[78] ausgegangen seien.

Daher sah Jaspers auch die politische Klugheit, die er vom politischen Sieger zur „Ermäßigung von Willkür und Gewalt"[79] forderte, durch die Anklage erfüllt. Der Prozess habe den Vorteil, eben nicht

---

[75] vgl. Schuldfrage, a.a.O., S.42, Z.22ff

[76] vgl. Schuldfrage, a.a.O., S.43, Z.20ff, aber auch: S.44f, Z.3ff

[77] Kempner, Prozess, in: Heydecker/Leeb, Prozess, S.11

[78] Kempner, Prozess... a.a.O., S.11; aber auch: Schuldfrage, a.a.O., S.36, Z.24ff

[79] Schuldfrage, a.a.O., S.19, Z.16

das ganze Volk zu verurteilen, sondern zu unterscheiden und „einzelne als Verbrecher angeklagte Deutsche[80] herauszugreifen.

Was Jaspers hier machte, erscheint mehr als perfide: Er sagte eigentlich, dass die Prozesse gut waren, sinnvoll, an diesen könnten sich die Deutschen wie in einem Theaterschauspiel intellektuell mit Schuldfragen auseinandersetzen. Aber eigentlich habe dies nichts mit den Deutschen zu tun, denn hier würden irgendwelche allgemeinen Regeln wie das Völkerrecht angewandt, die mit deutschem Recht, welches bei Ausübung der Verbrechen bestand, nichts zu tun hatte. Die Chance, die Jaspers für die Deutschen sah, war eine gute, denn einer Kollektivschuld würde dadurch widersprochen. Gemäß seiner Vorstellungen, dass es sich hier um eine Siegerjustiz handelte, solle man diese als solche betrachten, gemütlich zuschauen und sicher sein, dass dies für den einzelnen Deutschen als Beobachter ein irgendwie fernes Ereignis darstellt.

3.4 Mitschuld aller Deutschen durch Staatsangehörigkeit

Zwar fand eine Differenzierung der Deutschen in Verbrecher und Nicht-Verbrecher statt, doch meinte Jaspers, dass diese Unterschei-

---

[80] Schuldfrage, a.a.O., S.36, Z.24f

dung die Deutschen nicht von einer Mitverantwortung, die jeder Staatsbürger für seine Regierung besitze, entband. Es entlaste das deutsche Volk „keineswegs derart, dass es frei würde von jeder Schuld"[81].

Die politische Schuld der Deutschen sah Jaspers dahingehend, dass jeder, auch wenn er sich noch so vehement gegen das Regime zwischen 1933 und 1945 ausgesprochen habe, mitschuldig gemacht habe am Unrecht der NS-Zeit[82]. Die Zugehörigkeit zu einem bestimmten Staatenwesen kraft Staatsbürgerschaft beinhalte immer eine bewusste und unbewusste politische Anteilnahme[83]. Jeder Deutsche habe teil an der politischen Haftung[84].

Eine Haftbarmachung hieße aber, „nicht als moralisch schuldig erkennen"[85].

Eine Kollektivschuld gebe es zwar notwendig „als politische Haftung der Staatenangehörigen, nicht aber darum im gleichen Sinne als

---

[81] vgl. Schuldfrage, a.a.O., S.45, Z.21f

[82] vgl. Schuldfrage, a.a.O., S.45, Z.24ff

[83] ergibt sich aus Schuldfrage, a.a.O., S.46, 8ff

[84] Schuldfrage, a.a.O., S.46, S.8ff

[85] Schuldfrage, a.a.O., S.45, Z.15f

moralische und metaphysische und nicht als kriminelle Schuld"[86].
Die politische Haftung sei also schwer zu tragen, aber diese Haftung
„als solche [...] [treffe] nicht die Seele"[87] – es ist die „Sache der Ein-
samkeit des Einzelnen", was mit dem Vorwurf einer metaphysischen
Schuld geschehe[88].

Daraus ergebe sich, dass eine Kollektivschuldzuweisung seitens der
Sieger für die deutsche Bevölkerung nur akzeptabel sei, wenn sie sich
lediglich auf den Vorwurf einer Art politischen Haftung beschrän-
ke[89].

Im Ergebnis heißt dies nichts anderes, als dass Jaspers sagte: Ihr habt
keine politische Schuld, Ihr lieben Deutschen, Ihr seid halt gemäß
meiner Vorstellung der politischen Schuld leider verantwortlich als
Regierte, aber jeder Schuldvorwurf trifft ja nicht die Seele, also sollte
Euch dies nicht allzu sehr berühren. Und akzeptabel ist eine eigentlich unangemessene Kollektivschuldzuweisung nur dann, wenn sich
diese auf eine solche, eigentlich irrelevante politische Schuld bezieht,
die ja jeden einzelnen Deutschen aus der Schuld entlässt.

---

[86] Schuldfrage, a.a.O., S.46, Z.17ff

[87] Schuldfrage, a.a.O., S.46, Z.25

[88] Zitat aus Schuldfrage, a.a.O., S.56, Z.11f

[89] vgl. Schuldfrage, a.a.O., S.46, Z.17ff

3.5 Entschuldigungsmöglichkeiten

Da Jaspers die Schuld, die einzelne Deutsche auf sich geladen haben, und die Haftung, die alle Deutschen für Verbrechen des NS-Regimes übernehmen mussten, immer auch mit dem Aspekt verband, dass man richtungsweisend eine differenzierte Schuldbetrachtung gemäß seiner Schuldvorstellungen durchführen müsse, ging er auf einzelne Aspekte wie den Terror in Deutschland oder den historischen Zusammenhang ein, um Möglichkeiten zu erörtern, wie es überhaupt von den Deutschen zugelassen wurde, dass es solche Verbrechen in ihrem Namen geben konnte. Dadurch versuchte er, gerade den gegenüber den Deutschen wohlwollend Gesinnten jene Gesichtspunkte nahezubringen, die die jeweils gemeinte Schuld „schärfer fassen und charakterisieren"[90] ließen.

3.6 Terrorismus

Jaspers war der Ansicht, dass „Deutschland unter dem Nazi-Regime [...] ein Zuchthaus"[91] gewesen sei, und das die Schuld, „in dieses

---

[90] Schuldfrage, a.a.O., S.62, Z.5
[91] Schuldfrage, a.a.O., S.62, Z.7

Zuchthaus zu geraten, [...] politische Schuld"[92] darstelle. Er stellte sich die Frage, „was [im Innern des Zuchthauses, das nicht von Innen aufgebrochen werden könne] dann zu tun überhaupt möglich"[93] gewesen sei – vor allem im Hinblick auf die Frage nach der Verantwortlichkeit und der Schuld der Eingesperrten[94]:

Er argumentierte, dass man die Zuchthausinsassen nicht für die Taten der Zuchthausaufseher verantwortlich machen könne[95].

Die Forderung an eine Staatsbevölkerung, „auch gegen einen Terrorstaat zu revoltieren [...,] [verlange] das Unmögliche"[96]: Eine solche Revolte könne nur ohne wirklichen Zusammenhang geschehen, sie bleibe „anonym und in der Folge unbekannt" und versinke „in den Tod", sie sei also unnütz[97].

Jaspers wies auf den Terrorapparat hin, der nach dem Motto verfahre „Töten oder getötet werden"[98] und nannte Beispiele von Soldaten, die nicht töten wollten und dafür getötet wurden[99].

---

[92] Schuldfrage, a.a.O., S.62, Z.7f

[93] Schuldfrage, a.a.O., S.62, Z.13

[94] vgl. Schuldfrage, a.a.O., S.62, Z.10ff

[95] vgl. Schuldfrage, a.a.O., S.62, Z.14ff

[96] Schuldfrage, a.a.O., S.62, Z.29f

[97] vgl. (und Zitate) Schuldfrage, a.a.O., S.62, Z.29ff

[98] Schuldfrage, a.a.O., S.63, Z.30f

[99] vgl. Schuldfrage, a.a.O., S.63, Z.31ff

Gemäß seiner allgemeinen Vorstellungen zur politischen Schuld wurde Jaspers also recht konkret: Er erfand das Bild des Zuchthauses, aus dem es unmöglich war für den *Gefangenen Deutschen* auszubrechen. Die Perfidie dieses Bildes zeigt sich, wenn Jaspers anmerkte, dass – wenn überhaupt – die Deutschen *politisch schuldig* seien, in dieses Zuchthaus gekommen zu sein. Meinte er allen Ernstes das Bild eines unschuldig ins Gefängnis gekommenen Volkes, das – erst einmal im Zuchthaus angekommen – keinerlei Möglichkeit des Ausbruchs gehabt hätte? Dass die tragenden Wände und verschließenden Gitter eines solchen Zuchthauses nur gedankliche Gebilde genau jenes Volkes waren, welches vermeintlich im Zuchthaus einsaß – das sagte er nicht. Zumindest erwog er eine solche Möglichkeit in diesem schiefen Bild nicht. Und die Frage darf gestellt werden, ob er durch seine Haltung nicht all jene diskreditierte, die seiner Ansicht nach „sinnlos" gegen den Terrorstaat aufbegehrt hatten. Entehrt er dadurch nicht auch das Gedenken an die Kämpfer und an den essentiellen Widerstandskampf gegen das Regime, welcher nachweislich zahlreiche Leben retten half?

3.7 Historischer Zusammenhang

Wer über Schuld spreche, so Jaspers, müsse unterscheiden zwischen „Ursache und Schuld"[100]. Er betonte, wie relativ das Begründen von Kriegen durch historische Gegebenheiten sein kann und führte hierfür die geographischen Bedingungen und die weltpolitische Lage an[101]:

Das Argument, dass Deutschland aufgrund seiner „nach allen Seiten [hin] offenen Grenzen"[102] militärische Stärke geradezu zeigen müsse, um nicht von anderen Staaten überfallen zu werden und seine Eigenständigkeit zu verlieren[103], zog Jaspers in Zweifel und meinte, dass dies keine „absolute Notwendigkeit"[104] gewesen sei: Die Menschen müssten sich „frei wissen zu allen Möglichkeiten"[105] hin: Welche Militärform sich bilde, ob weise Führer auftreten würden oder nicht, das entspringe keineswegs der geographischen Lage[106].

---

[100] Schuldfrage, a.a.O., S.64, Z.7

[101] vgl. Schuldfrage, a.a.O., S.64f, Z.12ff

[102] Schuldfrage, a.a.O., S.65, Z.18

[103] vgl. Schuldfrage, a.a.O., S.65, Z.27ff

[104] Schuldfrage, a.a.O., S.66, Z.25f

[105] Schuldfrage, a.a.O., S.67, Z.25f

[106] vgl. Schuldfrage, a.a.O., S.66, Z.26ff

Hinsichtlich der weltpolitischen Lage wendete sich der Philosoph gegen das Argument, dass das Primat der Außenpolitik entstanden sei durch die zentrale geographische Lage Deutschlands und die damit verbundene besondere Abhängigkeit Deutschlands von weltpolitischen Ereignissen[107]: Er sah keine solche besondere Abhängigkeit, sondern lediglich einen Ausbruch dessen, „was in der gesamten abendländischen Welt als Krise des Geistes, des Glaubens im Gange"[108] gewesen war. Dieser Ausbruch hätte überall stattfinden können und bezog sich eben nicht auf die geographische Lage und eine damit einhergehende Abhängigkeit von politischen Weltereignissen. Eine Schuld aber würde dadurch nicht gemildert[109].

Obwohl Jaspers zahlreiche Voraussetzungen für kriegstreiberische Entwicklungen benannte, schwächte er diese dadurch ab, dass diese eigentlich auf jede Nation angewendet werden könnten, keine deutschlandspezifische Sache darstellten. Auch in diesem Punkt schwächte er mögliche Vorwürfe eines Schuldpotentials der Deutschen wesentlich ab. Dies vertiefte er sogar durch die Vorstellung, dass andere als die Deutschen schuldig waren, was man nachfolgend sieht.

---

[107] vgl. Schuldfrage, a.a.O., S.67f, Z.28ff

[108] Schuldfrage, a.a.O., S.68, Z.4ff

[109] vgl. Schuldfrage, a.a.O., S.68, Z.7

3.8 Schuld anderer

Um den eigenen Weg in der Welt finden zu können, müsse man sich „klarmachen, was durch das Verhalten der anderen unsere Lage innerlich und äußerlich erschwert"[110] habe. Diese sich daraus ergebende politische Schuld der anderen sei aber „auf einer anderen Ebene [...] als die Verbrechen Hitlers"[111] anzusiedeln. Zwei Punkte erschienen Jaspers in diesem Zusammenhang wesentlich, und zwar „die politische[n] Handlungen der Siegermächte seit 1918 und das Dabeistehen dieser Mächte, als Hitlerdeutschland sich aufbaute"[112]:

> a) Die Siegermächte des I. Weltkrieges träfen eine geschichtliche Schuld, da in ihren Händen und nicht in denen der Besiegten die Verantwortung über den Gang der Weltgeschichte gelegen habe[113]. Die Nichtbenutzung der Macht, auf die Dinge positiv einzuwirken, sei eine politische Schuld[114]. Jaspers nannte den Friedensvertrag von Versailles

---

[110] Schuldfrage, a.a.O., S.69, Z.5ff

[111] Schuldfrage, a.a.O., S.69, Z.15f

[112] Schuldfrage, a.a.O., S.69, Z.17ff

[113] vgl. Schuldfrage, a.a.O., S.69, Z.19ff

[114] vgl. Schuldfrage, a.a.O., S.69, Z.28f

und seine Folgen oder Gewaltakte Mussolinis als Beispiele einer solchen Nichtbenutzung der Macht, einzugreifen[115].

b) Es gebe „nicht nur eine staatsbürgerliche, sondern auch europäische und menschheitliche Solidarität"[116]. Auch wenn es eigene Schuld war, in das Zuchthaus Deutschland zu geraten, so hätte man doch auf die Solidarität der Europäer gehofft und darauf, dass eine europäische Ordnung Staatsverbrechen wie die, die durch Hitlerdeutschlands verübt wurden, nicht zulassen würde[117].

Jaspers nahm andere Nationen gleich mit ins Boot: Andere seien politisch mitschuldig gewesen. Auch wenn man die Gründe, die Jaspers nannte, nachvollziehen kann und die Auswirkungen beispielsweise des Versailler Friedensvertrages heute unbestreitbar mit dazu beigetragen haben, dass Hitlers Weg an die Macht günstig war, muss auch hier gefragt werden, weshalb er eine geschichtliche Schuld einführte, die er bei anderen Nationen sah und mit der politischen Schuld verknüpfte. Es kulminierte in dem Vorwurf: Ihr seid doch

---

[115] vgl. Schuldfrage, a.a.O., S.69, Z.34ff
[116] Schuldfrage, a.a.O., S.70, Z.25f
[117] vgl. Schuldfrage, a.a.O., S.70, Z.27ff

ebenfalls schuld, wenn ihr die deutschen Auswüchse nicht verhindert
habt! Wieso habt ihr uns nicht aus dem eigenen Joch befreit?
Eine Anmaßung Jaspers?

3.9 Schuld aller

Ausgehend von der Grundtatsache, dass sowohl Sieger als auch Besiegte, Richter als auch Beschuldigte *alle Menschen* sind, könne man
berechtigterweise zu einer „Sorge um das Menschsein im ganzen"[118]
kommen. Würde man davon ausgehen, dass die Sieger „selbstlose
Weltregenten"[119], aber nicht Menschen wären, dann brauchte man
sich keine Sorgen um eine sinnvolle und „treffliche Erziehung unseres [menschlichen Verhaltens und] Denkens"[120] machen. Da dies
aber nicht so sei, sei eine Beschäftigung mit dem Verhalten derjeni-
gen, die über das Schicksal der Deutschen entschieden, wichtig: Es
sei für die Deutschen „wie eine eigene Sache zu erspüren, was sie
wollen, denken und tun"[121]. Was ihre Schuld werden könnte, „das
wäre das gleiche Unheil für uns wie für sie"[122]. Die eigene, deutsche

---

[118] Schuldfrage, a.a.O., S.75, Z.2

[119] Schuldfrage, a.a.O., S.75, Z.4

[120] Schuldfrage, a.a.O., S.75, Z.15f

[121] Schuldfrage, a.a.O., S.75, Z.26f

[122] Schuldfrage, a.a.O., S.76, Z.28f

Schuld könne zurückgeführt werden auf das Menschsein, das „Möglichkeit im Menschen als Menschen"[123] sei. Wenn man von deutscher Schuld rede, so käme man zu der Aussage, dass diese Schuld „aller Schuld [sei] - das verborgene Böse überall [...] [sei] mitschuldig an dem Ausbruch des Bösen an dieser deutschen Stelle"[124]. Und daraus sei zu folgern, dass man „im Abstand der Sorge dessen, der hineingeraten" sei und der zu sich komme und sich besinne, gerade die Deutschen denken könnten: „Möchten die anderen doch solche Wege nicht gehen"[125].

Die Schuld aller basiert unter anderem auf Jaspers Vorstellungen des Menschseins, die er im Bereich der metaphysischen Schuld konstruiert hatte: Doch ebenso wie die Absurdität der Darstellungen die metaphysische Schuld *ad absurdum* führte, erscheint auch fragwürdig, was Jaspers bezweckte, wenn er meinte, dass irgendwie alle Schuld seien aufgrund der Zusammengehörigkeit als Menschen. Dass er anführte, dass die Siegerjustiz dann bei der Untersuchung der Schuld der Deutschen doch eigentlich das eigene Wesen untersuchen würde, klingt aus heutiger Sicht höchst perfide und auch abartig.

---

[123] Schuldfrage, a.a.O., S.77, Z.6

[124] Schuldfrage, a.a.O., S.77, Z.8f

[125] Schuldfrage, a.a.O., S.77, Z.22ff

Ja, auch dann, wenn man Jaspers Philosophie hinzuzieht, der eine Weltfremdheit zu eigen scheint.

4. Neuorientierung

Wie Jaspers immer wieder betonte, ist es für die Annahme der Schuld durch die Deutschen wichtig, einen auf die Zukunft gerichteten Schuldvorwurf zu machen und das Ziel einer Neuorientierung vor Augen zu haben[126]. Was denn aus den Deutschen werden würde, fragte Jaspers in einem Vortrag[127] und fasste damit die Ausgangsfrage zusammen, nachdem Deutschland „als politische Großmacht abgetreten" sei und kein „heiliges und zusammenhaltendes"[128] Element besäße. Was benötigt würde, sei eine Gemeinschaftlichkeit und ein neues Selbstverständnis, eine Art „weitere[r] Verwandlung"[129], ein neues Denken „in dieser ungeheuren Not"[130].

Im Rückblick lässt sich nun bewerten, ob den Deutschen diese Neuorientierung gelungen ist:

Man könnte meinen, dass Jaspers mit einer Neuorientierung einen fruchtbaren Aspekt in die Diskussion mit einbrachte. Doch wirkte

---

[126] Schuldfrage, a.a.O., S.77ff

[127] vgl. Jaspers Goethe, S.27

[128] beides: Jaspers Goethe, S.27

[129] Jaspers Goethe, S.27

[130] Jaspers Goethe, S.30

diese Neuorientierung dadurch recht hohl, weil mit der Abhandlung der von ihm postulierten Schuldvorstellungen keine Aufarbeitung einer möglichen Schuld überhaupt ansatzweise möglich schien und dadurch auch keine Neuorientierung, die auf dieser Basis stattfinden konnte.

4.1 Schuld und Entgrenzung

Schuld, die für Jaspers eine ethisch-existentielle Grenzsituation darstellt, führt den Menschen zu einem existentiellen Selbstbewusstsein: In der Erfahrung der Entgrenzung vollziehe „sich ein Bewusstwerdungsprozess, der in die existentielle Verwirklichung"[131] münde.

Der einzelne Mensch muss sein Denken überprüfen, wenn er eine Diskrepanz bemerkt zwischen dem Rahmen, in dessen Grenzen er sich selbst definiert hat und der Verantwortung für eine begangene Handlung, die aber außerhalb dieses selbst gesetzten Rahmens steht: Diese Diskrepanz führt zu einem Widerspruch im eigenen Bewusstsein und der Mensch ist nachfolgend gezwungen, sich und seine ethische Existenz nach Erkenntnis dieses Widerspruchs neu zu definieren.

---

[131] Burkhard, Ethische Existenz, S.137

Dies alles gilt aber nicht nur für den Einzelnen, sonder auch für Gruppen von Individuen, die eine Schuld gemeinsam getragen haben. Bezüglich der Deutschen und ihrer Schuld nach dem II. Weltkrieg bedeutete dies gemäß Jaspers, dass sie „ohne Ausnahme verpflichtet [seien], in der Frage [...] [ihrer] Schuld klar zu sehen und die Folgerungen zu ziehen"[132]. Die Seinsfrage verpflichte die Deutschen[133].

Da aber der Einzelne seine selbst erkannte Schuld mit sich alleine ausmachen müsse, wie Jaspers weiter vermerkte, müsse eine Gruppe von Individuen untereinander in einen ethischen Diskurs treten, um ebenfalls diesen Bewusstwerdungsprozess durchlaufen zu können. Der Ausgangspunkt für diesen Prozess sei hierbei die Annahme der Schuld, das Ziel sei eine neue und gereinigte Selbstdefinition und eine damit einhergehende wahre Erfahrung aus der eigenen oder der gemeinsamen Existenz: Ohne diesen „Weg der Reinigung aus der Tiefe des Selbstbewusstseins [...] sei keine Wahrheit für den Deutschen zu verwirklichen"[134].

---

[132] Schuldfrage, a.a.O., S.17, Z.1ff

[133] vgl. Schuldfrage, a.a.O., S.17, Z.10ff

[134] Schuldfrage, a.a.O., S.89, Z.8ff

Es ist schade, dass bei Jaspers gerade vor diesen angenehm klingen-
den Selbstreinigungsprozessen die Vorstellungen der Schuldbegriffe
und die konkreten Schuldpotentiale der Deutschen dahingehend
versandeten, dass auf deren Basis in Gang gesetzte Schuldeinsichten
der Deutschen auf einer nur sehr – wenn überhaupt – dünnen
Schuldeinsicht gründen konnten. Da, wo keine wirkliche Schuld
postuliert wird oder postuliert werden kann, weil die einzelnen
Schuldkonstrukte sich selbst auflösen (wie bei der metaphysischen
Schuld) oder diese Schuld ins Reich der Absurditäten verschwindet
– da werden vermeintlich erwünschte, auf diesen Schuldeingeständ-
nissen basierende Selbstreinigungsprozesse selbst sinnlos und sind
nur sprachliche Wolkengebilde.

4.2 Selbsterziehung und Selbstverwandlung

Daher sind auch die Ausführungen Jaspers hinsichtlich der Selbsterziehung und Selbstverwandlung fragwürdig und wirken wenig
glaubhaft, sollen aber natürlich dargestellt werden:

Eine gemeinschaftliche Aufarbeitung von Schuld, die nach Jaspers
nur auf dem Wege der aufrichtigen Kommunikation funktioniert,
hat als existentielle Vorbedingung für eine Selbst-Definition und den
Weg hin zur Existenz den Grundbegriff der Kommunikation, wel-

ches als Grundwort in Jaspers Existenzphilosophie angesehen werden kann[135].

Kommunikation stellte für Jaspers die einzige Möglichkeit für die Deutschen nach dem Krieg dar, zu einem neuen Sein-Können zu finden: Man müsse lernen, miteinander zu reden. Man könne dies durch eine ehrliche Auseinandersetzung miteinander üben[136]. Dass man frei miteinander reden könne, sei die „erste Aufgabe, wirklich miteinander zu reden"[137]. Durch Reinigungen[138] und nicht durch Verdrängungsstrategien könne man zu einem ehrlichen Selbstreflexionsprozess kommen: Ziel sei es, sich das Vergangene zu vergegenwärtigen und das eigene Gewissen einer Art Prüfung zu unterziehen, und nicht nur die Frage nach der „faktischen und intellektuellen Beteiligung an den Verbrechen"[139] zu stellen und sich hernach für schuldig oder unschuldig anzusehen. Das innere Handeln sei auch eine „Verwandlung [...]: Erhellung und Durchsichtig werden im Aufschwung – [also eine] Liebe zum Menschen"[140].

---

[135] vgl. Di Cesare, Sprache, S.12

[136] vgl. Jaspers Antwort, S.157

[137] vgl. Jaspers Wandlung, S.28

[138] vgl. Jaspers lange Ausführungen unter Schuldfrage, S.77ff

[139] Schuldfrage, a.a.O., S.46, Z.7

[140] Schuldfrage, a.a.O., S.91, Z.13f

Die Kommunikation, die Jaspers also von den Deutschen einforderte, musste individuell-selbstkritisch sein als auch öffentlich durchgeführt werden, als Teil eines öffentlichen Diskussions- und Aufklärungsprozesses[141]. Diese Öffentlichkeit, die nach Jaspers eine Art Korrektiv für das Zustandekommen einer ordnenden Vorgehensweise darstellte, habe die Möglichkeit, sich gerade gegen alle Niedertracht der Öffentlichkeit selber zu erheben[142].

Ein wahrhaftiges öffentliches Mit-einander-Sein im ethischen Sinne könne nur durch eine Art öffentlicher „Dialektik der Verfehlungen und Korrekturen"[143] erfolgen. Es müsse insgesamt zu einer „Selbstverantwortung des Einzelnen" kommen, und zwar in einem Bewusstsein einer Verantwortung für sich selbst, aber auch für das Miteinander. Auf dieser Grundlage von Kommunikation und öffentlichem Diskurs sei eine Selbstverwandlung „durch Selbsterziehung" möglich. Sowohl für den einzelnen als auch für das gemeinschaftliche Selbstbewusstsein[144].

---

[141] vgl. Salamon, Jaspers, S.105

[142] vgl. Jaspers, Gefahren, S.309

[143] Sternberger, Jaspers, S.137

[144] vgl. Jaspers Antwort, S.158

4.3 Katharsis und Selbstverwirklichung in Freiheit

Der Weg der Deutschen hin zu einer Neuorientierung, an deren Ende eine Selbstverwandlung und „Selbstverantwortung [...] durch Selbsterziehung"[145] stehen solle – also eine Art innere Reinigung (Katharsis) –, lässt sich anhand von vier Punkten verdeutlichen:

1. Der brennende Eifer gehe „auf die Wiederherstellung und Reinigung [...] [der Deutschen] Seele durch unsere eigene Erziehung"[146], wobei Wiederherstellung den Weg bezeichnet zu einem erneuerten Selbstbewusstsein und einer Selbstverwirklichung in Freiheit. Der Begriff „Reinigung" beinhaltet aufgrund der Annahme der eigenen Schuld eine ethische Befehlsform, wenn Jaspers betonte, dass

2. „Klärung der eigenen Schuld [...] zugleich Klärung [...] [des neuen deutschen] Lebens und seiner Möglichkeiten [sei]. Aus ihr [...] [entspringe] der Ernst und der Entschluss[147]". Aus diesem Ernst und dem Entschluss wächst das Bewusstsein für eine ethische Aufgabe. Die Aufgabe be-

[145] Jaspers Antwort, S.158
[146] Jaspers Antwort, S.158
[147] Schuldfrage, a.a.O., S.90, Z.9ff

steht aus Wiedergutmachung, die wiederum aus der inneren Notwendigkeit einer Aufarbeitung der Schuld entspringt: Denn

3. „[w]er von Schuld, an der er [...] [teilhabe], innerlich ergriffen [...] [sei, wolle] jedem, dem Unrecht geschah durch die Willkür des rechtlosen Regimes"[148], helfen. Und dieses Abtragen einer Schuld durch ein äußeres Handeln münde in innere Reinigung und in ein inneres Handeln vor Transzendenz:

4. Im inneren Handeln vor der Transzendenz [...] [werde] unsere menschliche Endlichkeit und Unvollendbarkeit bewusst"[149]. In dieser Transzendenz komme die Seele zu der Stille, die ihr in der Welt nicht vergönnt werde, und zwar aufgrund der eigenen Endlichkeit[150]. Transzendenz sei die Ruhe im Dasein in „Bescheidung"[151] und Wissen um die eigene Begrenztheit.

---

[148] Schuldfrage, a.a.O., S.89, Z.25ff

[149] Schuldfrage, a.a.O., S.90, Z.20f

[150] vgl. Jaspers, Philosophisches Denken, S.65f

[151] Schuldfrage, S.90, Z.19

5. Schlussbemerkungen

Jaspers Äußerungen erscheinen in heutiger Zeit unerträglich und in keiner Weise durchdacht, unabhängig und konstruktiv, sondern wirkten wie eine Entschuldigungstirade eines Deutschen, der scheinbar glaubt, dem eigenen Volk durch die Konstruktion hohler Entschuldigungsbegriffe gleichzeitig Entschuldigungsgründe gegenüber der Welt an die Hand geben zu können. Man darf Jaspers zugutehalten, dass er sich darum sorgte, dass Deutschland keine Identität mehr haben würde, kein, wie er selbst es formulierte: „heiliges und zusammenhaltendes" Element mehr. Und dass er ein solches identitätsstiftende Element zu suchen schien, sich vielleicht danach sehnte. Jaspers schien, wie man nach dem Krieg sehen konnte, als er, wie Augstein 1969 schrieb, resigniert in die Schweiz ging und den Deutschen nicht mehr traute, selbst nicht zu glauben, was er 1946 versuchte. Bemerkenswert allerdings, dass er Begriffe wie „Unterlassung" nicht so behandelte, wie sie – angesichts von Bildern wie das des Zuchthauses, in dem sich die Deutschen nach Jaspers befunden haben sollten - angemessen gewesen wären. Es gibt „Unterlassung" auch als Delikt, als unterlassene Hilfeleistung. Insofern wäre es nicht um Schuld gegangen, sondern um das Element des „Wissens" eines Verbrechens und darum, was ein Bürger eines Staates wissen kann und wissen muss. Und wie er mit diesem Wissen umgeht. Jaspers hat hier einen wichtigen Hauptpunkt der Diskussion um Schuld, eine wirklich wichtige und entscheidende Frage nicht aufgegriffen, die innerhalb der gesamten Problematik sicherlich kontroversen Charakter hätte einnehmen können.

In dem Nachwort 1962 über die „Schuldfrage" beschrieb Jaspers nochmals, wie wichtig die Selbstbesinnung für die Deutschen gerade in den Zeiten gewesen sei, als den amerikanischen Soldaten verboten wurde, mit den Besiegten zu reden, sich Hungersnöte ausbreiteten und langsam das ganze Ausmaß der nationalsozialistischen Verbrechen ans Licht kam[152]. Reine Luft zu schaffen, in der die Deutschen mit einem Selbstbewusstsein wieder zu sich kommen konnten, empfand er als seine Hauptaufgabe.

Doch wies Jaspers auch auf einen vermeintlichen Irrtum im Zusammenhang mit den Nürnberger Prozessen hin: Von einem Weltgerichtshof, einem Gerichtshof, war die Rede, die Hoffnung entstand zu damaliger Zeit, das dieses Gericht einem Weltrecht folgen und einen Weltzustand konstituieren würde, in dem Ungerechtigkeiten und Verbrechen klar definiert und verfolgt würden. Der Philosoph und Psychiater Jaspers wies aber darauf hin, dass dies nicht gestimmt habe: Im Gericht habe das „bolschewistische Russland [gesessen], als

---

[152] vgl. Schuldfrage, a.a.O., S.94ff

Staat totaler Herrschaft der Herrschaftsform nach nicht anders als der nationalsozialistische Staat"[153]. Als Folge sei also ein Richter am Gericht beteiligt gewesen, der das Recht, auf das dieses Gericht gegründet worden sei, nicht anerkannte. „Der Prozess [...] [habe] nicht einen Weltzustand mit einem Weltrecht begründet"[154]. Es habe „die Grundlage des gemeinsamen Rechtszustandes und Rechtswillens der Siegermächte gefehlt"[155]. Jaspers schrieb in diesem Zusammenhang von „bösen Folgen'"[156], denn der Prozess sei „doch ein Scheinprozess'"[157] gewesen. Das Gegenteil von dem, was man vorhatte, wurde erreicht: Es sei kein Recht begründet worden, „sondern Misstrauen gegen das Recht [wurde] gesteigert"[158]. Insofern enthält „die Schuldfrage" als bleibendes Element nicht so sehr eine Wichtigkeit wegen irgendwelcher Historikerstreitdebatten[159], sondern als bleibendes Wesen ein Plädoyer hin zu einem *Zustand*, der erst in den neunziger Jahren mit der Installation eines Weltstrafgerichtshofes richtig begann, dessen Anfänge aber immer noch anhalten und von mächtiger Seite auch torpediert werden, beispielsweise von den USA.

---

[153] Schuldfrage, a.a.O., S.97, Z.3ff

[154] Schuldfrage, a.a.O., S.98, Z.22f

[155] Schuldfrage, a.a.O., S.98, Z.33ff

[156] Schuldfrage, a.a.O., S.98, Z.25

[157] Schuldfrage, a.a.O., S.98, Z.31

[158] Schuldfrage, a.a.O., S.98, Z.36

[159] Schuldfrage, a.a.O., Vorworthinweis auf die Historikerdebatte

Dass dieses Plädoyer Jaspers aber aufgrund seiner Darstellungen gerade zu einem solchen Siegergericht mehr als hohl wirkt, da er 1962 genau wusste, dass er auch 1946 lediglich von einem Siegergericht ausgegangen war und dass seine Wünsche, wie dieses Gericht hoffentlich *wirkungslos* klug, gewaltlos und mit Bedacht die eigentlich unschuldigen Deutschen als solche benennt – dies erscheint gerade im neuen Jahrtausend wie der unerträgliche und anmaßende Versuch eines auch in Deutschland Ungehörten, konkrete Schuld zu rechtfertigen, die – egal, wie man sie benennt und wie man sie zu umschreiben vermag - nicht rechtfertigbar war und ist.

6. Literaturverzeichnis

Der Autor erliegt nicht der allgemein vorherrschenden pseudophilosophischen Arbeitsweise, wahllos Literatur seitenweise aufzuführen, die nur spärlich oder gar nicht für den Text verwendet wurde. Es versteht sich von selbst, dass – im Sinne einer Klarheit hinsichtlich der Arbeitsweise – Literatur, die zum Verständnis benötigt wurde, aber nicht explizit zitiert wird, nur sehr sorgfältig aufgeführt werden sollte.

a) Karl Jaspers- Schriften und Selbstzeugnisse (in chronologischer Reihenfolge)

Jaspers, Karl. Antwort an Sigrid Undset (1945), in: Ders., Rechenschaft und Ausblick. Reden und Aufsätze, München 1951, 152-158. (wird im Text folgendermaßen benannt: Jaspers Antwort)

Jaspers, Karl, Geleitwort für die Zeitschrift 'Die Wandlung' (1945), in:
Ders., Rechenschaft und Ausblick. Reden und Aufsätze, München, 1951, 148-151. (wird im Text folgendermaßen benannt: Wandlung)

Jaspers, Karl. Die Schuldfrage. Von der politischen Haftung Deutschlands. Serie Piper. Neuausgabe. München: Piper Verlag, ungekürzte Taschenbuchausgabe 1974, Neudruck Oktober 2012. (wird im Text folgendermaßen benannt: Schuldfrage)

Jaspers, Karl. Unsere Zukunft und Goethe (1947), in: Ders., Rechenschaft und Ausblick. Reden und Aufsätze, München 1951, 2 6-49. (wird im Text folgendermaßen benannt: Jaspers Goethe)

Jaspers, Karl. Über Gefahren und Chancen der Freiheit (1960), in: Ders., Rechenschaft und Ausblick. Reden und Aufsätze, München 1951, 293-313. (wird im Text folgendermaßen benannt: Gefahren)

Jaspers, Karl. Kleine Schule des philosophischen Denkens (Vorträge, gehalten im Herbst 1964 im Studienprogramm des bayerischen Fernsehens), München, 11 .Auflage 1997 (1965). (wird im Text folgendermaßen benannt: Philosophisches Denken)

(Jaspers, Karl/ Augstein, Rudolf), „Für Völkermord gibt es keine Verjährung". Gespräch mit Rudolf Augstein (Der Spiegel, 1965), in: Karl Jaspers, Wohin treibt die Bundesrepublik?, München 1966. (wird im Text folgendermaßen benannt: Spiegel-Gespräch)

Arendt, Hannah. Jaspers, Karl. Briefwechsel 1926-1969, hrsg. V. Lotte Köhler und Hans Saner, München 1985. (Briefwechsel)

b) Primärtexte und Zeugnisse anderer Autoren

Kempner, Robert M.W.. Der Nürnberger Prozess, in: Hoe J. Heydekker/Johannes Leeb, Der Nürnberger Prozess, 4.Auflage 1995 (1958), 11-12. (wird im Text folgendermaßen benannt: Prozess)

c) Forschungsliteratur

Burkhard, Franz-Peter. Ethische Existenz bei Karl Jaspers. Würzburg: 1982 (wird im Text folgendermaßen benannt: Ethische Existenz)

Di Cesare, Donatella. Die Sprache in der Philosophie von Karl Jaspers. Tübingen! Basel 1996. (wird im Text folgendermaßen benannt: Sprache)

Glaser, Hermann. Kleine Kulturgeschichte der Bundesrepublik Deutschland 1945-1989. Bonn (München), 2.Auflage, 1991. (wird im Text folgendermaßen benannt: Kulturgeschichte)

Salamun, Kurt. Karl Jaspers. München 1985.

Saner, Hans. Jaspers. Rowohlt monographien. 32.-34. Tausend. Hamburg: Reinbek, 1984.

Sternberger, Dolf. Jasper und der Staat., in: Klaus Piper (Hrsg.), Karl Jaspers. Werk und Wirkung (Zum 80. Geburtstag von K.J. 23.Februar 1963). München, 1963, 133-141.

Wietog, Jutta: Volkszählungen unter dem Nationalsozialismus. Eine Dokumentation zur Bevölkerungsstatistik im Dritten Reich. Berlin 2001

d) Zeitschriften

DER SPIEGEL 10/1969

e) Internetrecherche

Natürlich kann es im Internet jederzeit zu Verschiebungen von Domains usw. kommen mit der Folge, dass aufgeführte Quellen unter der angegebenen Adresse nicht mehr auffindbar sind. Allerdings stünde einer Verwendung solcher Internetquellen ein Ausschluß moderner Medien gegenüber, was der Integration des Internet bei der Recherche für wissenschaftliche Arbeiten abträglich wäre. Wichtig hierbei ist daher die Nennung der Quelle der Internetadresse, über die ggf. die Quellen erfragbar sind. Internetquellen dienen vor allem auch zur Verifizierung von Daten und einzelnen Fakten.